INSTRUCTION

DE

SA MAJESTÉ

TRÈS-FIDÉLE,

A SON MINISTRE

EN COUR DE ROME.

Du 8. Octobre 1757.

INSTRUCTION

QUE SA MAJESTÉ TRÈS-FIDÈLE *a fait expédier à* Francisco de Almada de Mendonza, *son Ministre en Cour de Rome, au sujet des désordres que les Jésuites ont commis dans ce Royaume & dans le Brésil, pour en rendre compte au très-saint Pere Benoît XIV, avec le précis des attentats que ces Religieux ont commis dans le Nord & dans le Sud de l'Amérique Portugaise.*

Du 8 Octobre 1757.

IL y a long-temps que votre Seigneurie est instruite des intrigues séditieuses que les Jésuites de Portugal ont tramées dans cette Cour, dans celle de Rome & dans toutes les Cours d'Europe contre le service du Roi notre Maître, & l'intérêt public de ce Royaume & de ses conquêtes. Leur méchanceté leur a fait inventer, écrire, insinuer & publier de prétendus malheurs & désordres qui n'ont jamais existé. Le but que leur ma-

A ij

lice se proposoit, étoit d'imprimer de toutes parts dans la crédulité du public tout ce qu'ils ont cru le plus capable de donner une idée sinistre du très-religieux, très-régulier, & très-heureux gouvernement de Sa Majesté. Ils vouloient ainsi faire perdre de vûe les avantages inexprimables, que, pour la gloire immortelle de Sa Majesté, les Sujets du Portugal & de ses dépendances, ont reçus de son gouvernement, & qu'ils ne cessent de publier avec des bénédictions infinies & des prieres innombrables pour la conservation de la vie & de la prospérité de leur Auguste Bienfaiteur.

Mais vous pouvez ne pas sçavoir encore les vraies causes de ces abominables excès, parce que l'incomparable clémence de Sa Majesté, & son extrême dévotion pour les glorieux saint Ignace de Loyola, saint François-Xavier & saint François de Borgia, ont suspendu non-seulement l'indéfectible justice de Sa Majesté, mais encore les effets de la protection qu'elle doit à ses Sujets pillés & opprimés. Sa Majesté espéroit qu'une si grande modération pourroit procurer l'amendement

(5)

de défordres fi grands & fi extraordi-
naires , fans donner atteinte à l'honneur des enfans d'une mere auffi fainte
& auffi vénérable que la Religion de la
Compagnie.

Les déteftables excès que vous ver-
rez dans l'exacte & fidéle relation qui
fera jointe à cette Lettre, cotée Nº. V.
& l'incorrigible obftination qu'ils ont
manifeftée, ayant fait perdre toute efpé-
rance d'amendement, l'autorité Royale
& la conftante protection que Sa Majefté doit aux peuples que Dieu lui a
confiés, l'obligent enfin d'appliquer les
derniers remèdes à des maux auffi extrêmes, que ceux qui font conftatés par
la même relation.

L'on y a obmis le récit de biens plus
grands & plus horribles fcandales, qu'il
n'étoit pas poffible de fupporter fans
une extrême indécence, & fans bleffer
la pudeur de ceux qui les auroient
écrits, ou qui les auroient entendus.
On a donc cru devoir fe reftreindre dans
cette relation aux faits les plus publics,
& dont la notoriété eft telle, qu'il eft
impoffible de les déguifer & de les
obfcurcir. Il n'y a pas plus de moyen
d'en nier la certitude, que celie de

faits que leur évidence met sous les yeux de tout le monde, & qui de leur nature sont incontestables. Encore Sa Majesté a-t-Elle le plus grand déplaisir d'être obligée de manifester de si grands désordres, & l'entiere corruption des Provinces de la Compagnie dans le Portugal & le Bresil.

Vous trouverez dans cette relation la preuve convaincante, qu'il y a bien des années que ces Religieux ont absolument renoncé à l'obéissance qu'ils doivent aux Bulles & commandemens des Papes, à l'observance des loix les plus nécessaires pour la conservation de la paix publique de ces Royaumes, à la fidélité dûe à leurs Monarques, & à la pieuse instruction de leurs Sujets. Ils ont sacrifié toutes ces obligations Chrétiennes, religieuses, naturelles & politiques à une ardeur aveugle, insolente & sans bornes, de s'emparer des gouvernemens politiques & temporels, à desir insatiable d'acquerir & d'amasser des biens d'autrui, & même d'usurper les Etats des Souverains. Rien n'a été capable de les détourner de ces abominables transgressions, sur-tout quand ils ont vû qu'elles pouvoient servir de

moyens pour parvenir à des fins si ré-
préhensibles & si contraires à leur saint
Institut, pour lequel ces mêmes Religieux ont fait voir un mépris aussi ab-
solu que scandaleux.

Enfin l'extrême corruption de ces in-
fortunés enfans d'une si sainte Religion
en est venue à un point si déplorable
dans le Royaume de Portugal, & plus
encore dans ses Domaines d'outremer,
qu'il s'y est très-peu trouvé de Jésuites
qui ne parussent être plutôt des Marchands, des Soldats ou des Tirans que
des Religieux.

Il n'étoit plus possible de dissimu-
ler de si grands désordres sans courir
le risque de les rendre absolument irré-
médiables. C'est ce qui a déterminé
Sa Majesté à prendre enfin des mesu-
res efficaces pour prévenir la desola-
tion entiere de ses Sujets & de ses
Etats, & même la ruine totale des Pro-
vinces de cette Compagnie, qui ne pouvoit manquer d'arriver, si l'on n'y ap-
portoit le plus prompt remède, autant
qu'il pouvoit dépendre de l'autorité
temporelle de Sa Majesté.

Comme les Confesseurs de cette Cour
& leur libre entrée dans le Palais étoient

le plus fort appui de l'insolence & de l'audace que ces Peres ont fait éclater, tant en Europe qu'en Amérique, le Roi notre Maître a commencé par ordonner à tous les Confesseurs Jésuites, des Princes & Princesses du sang Royal de se retirer dans les Maisons de leur Ordre. A leur place Sa Majesté a nommé pour son Confesseur *le Pere Antoine de Ste Anne*, Provincial actuel des Capucins de *Sancta Maria de Arrabida*, en conservant pour Confesseur de la Reine le Vicaire général des Augustins Déchaussés, *le Pere Antoine de l'Annonciation*, qui depuis du tems occupoit cette place. Et pour Confesseur de la Princesse héréditaire, & de Mesdames les Infantes, Sa Majesté a nommé *le Pere Joseph Péreira de Ste Anne*, Provincial actuel des Carmes. Monseigneur l'Infant *Dom Fedro* a choisi pour son Confesseur celui du Roi. Monseigneur l'Infant *Dom Antonio* a pris pour le sien *le Pere Antoine de Ste Marie des Anges*, Exprovincial des Franciscains de la Province de Portugal : & Monseigneur l'Infant *Dom Manuel*, *le Pere Valere du Saint Sacrement*, Capucin de la Province de S. Antoine.

(9)

En même tems le Roi a interdit au Pere Provincial de la Compagnie & à tous ses Religieux l'entrée de son Palais, jusqu'à nouvel ordre, & jusqu'à ce que Sa Majesté fût assurée que ces Religieux auroient conformé leur vie & leur conduite aux obligations de leur saint Institut. Et pour parvenir à un but si juste & si nécessaire, Elle a aussi ordonné que l'on prît tous les moyens qui dépendent de son autorité, & du pouvoir qu'Elle a de faire inviolablement observer dans ses Royaumes & Etats, les saints Canons & les Constitutions Apostoliques, qui défendent aux Réguliers, & encore plus aux Religieux de la Compagnie, & à tous Missionnaires de s'imminscer dans les affaires temporelles, dans la pratique du commerce, & des intérêts de la banque ; enfin, de faire exactement observer les Concordats faits avec le Saint Siége, qui dans ce Royaume ont la force de loi & de coutume.

Mais comme tout ce que le Roi peut faire comme Prince temporel, ne peut s'étendre que sur des choses de cette nature, & ne suffit pas pour remédier aux maux spirituels, qui pourtant ont

A v

befoin du remède le plus prompt & le plus efficace, lequel ne peut émaner que du Souverain Pontife, & Vicaire de Jefus - Chrift notre Seigneur fur la terre ; Sa Majefté vous ordonne de préfenter au Saint Pere la fidele rela-tion dont je vous ai parlé ci-deffus, avec le contenu en cette Lettre, & vous fupplierez en même tems Sa Sainteté qu'il lui plaife de mettre en ufage fur un fujet fi important les moyens les plus efficaces & les plus capables de faire abfolument ceffer les abus , les excès & les crimes qui fe commettent journellement dans les fufdites Pro-vinces régulieres, & de les obliger de fe conformer à leur fainte & primitive obfervance, enfin que l'on y puiffe voir revivre les exemples dignes de louan-ges & d'imitation , qui depuis tant d'années fe trouvent enfevelis fous les horreurs de fcandales fi énormes , fi univerfels & fi publics.

Ceux qui ont caufé le plus de domm-mage aux habitans des Etats de Sa Ma-jefté en Amérique , auroient dû ceffer en grande partie , par l'exécution de la Bulle de Sa Sainteté du 28 Décem-bre 1741 , inférée dans le Mandement de l'Evêque du grand Para , qui eſt joint à cette Lettre ſous le Nº. II. comme auſſi par l'exécution des deux Ordonnances de Sa Majeſté , ci-jointes , auſſi Nº. III. & IV. Sa Majeſté les avoit fait publier à cette fin dans tout le Breſil, comme devant être le moyen le plus capable de faire entierement ceſſer les abus qui ont réſulté du défaut d'exécution des déciſions Pontificales , & des réſolutions Royales , lorſqu'elles pouvoient déplaire auxdits Religieux , & bien plus encore de ce qu'il ne ſe trouvoit perſonne qui oſât donner avis d'un abus ſi préjudicaible & ſi indécent. Un ſi grand mal ne venoit pas d'autre ſource que des fortes menaces , par leſquelles ces Religieux affectoient de faire ſonner bien haut le grand crédit de leur Compagnie , & de ceux de leurs Peres qui fréquentoient la Cour. L'on a eu tout ſujet de s'en convaincre dans ces derniers tems , quand on a ſçu combien de Gouverneurs & de Miniſtres zélés pour le ſervice de Dieu & de Sa Majeſté , ces Peres ont malheureuſement ruinés par leurs ſiniſtres artifices, quoique ces Officiers n'euſſent pas d'autre tort que d'avoir repréſenté à la Cour des vérités qui ne plaiſoient pas à ces Peres , & qui paroiſſoient alors incroyables; mais qui ne ſont devenues que trop certaines & démontrées depuis la guerre du Paraguay , la révolte du Maragnan , & tant d'autres déſordres manifeſtes & publiquement conſtatés par la ſuſdite Relation , cotée Nº. V. ſans parler d'une infinité d'autres , du récit deſquels il ſeroit facile de faire de gros volumes.

Tout ceci conſidéré , Sa Majeſté vous ordonne de demander au Saint Pere une audience particuliere & très-ſecrette , pour lui rendre un compte exact de tout ce que je viens de dire. Sa Majeſté eſpere en conſéquence que la ſageſſe paternelle & Apoſtolique de Sa Sainteté n'obmettra rien de ce qu'exige une auſſi urgente conjoncture , pour empêcher qu'un Ordre qui a rendu tant de ſervices à l'Egliſe, ne ſe perde totalement dans ce Royaume & ſes dépendances, par la corruption des mœurs de ſes Religieux , & par le ſcandale public & général qu'ils ont donné par des déſordres & des abus ſi étranges & ſi continuels.

Le récit qui en eſt fait dans la fidele

Relation que je joins à cette Lettre, ayant pour fondement & pour preuves, des faits toujours subsistans, connus non-seulement de trois armées, mais encore de toute l'Amérique Portugaise & Espagnole, & venant directement, comme d'une source pure, des lieux mêmes où ces faits sont arrivés, sans mélange d'aucun rapport incertain & suspect, ne peut pas laisser lieu au moindre doute. C'est pourquoi Sa Majesté tient pour certain que Sa Sainteté n'hésitera pas un seul moment à prendre le parti convenable & nécessaire qu'exigent ces mêmes excès, pour faire rentrer ces Religieux dans les exercices de leur spirituel & saint Institut, en les forçant de ne plus s'ingérer dans des affaires politiques & des intérêts temporels & de commerce; afin que délivrés de la corruption où les a précipité leur désir effréné de gouverner les Cours, d'acquerir des richesses, & des intérêts de commerce, de pratiquer l'usure & les banques, & de s'enrichir de tous les biens de la terre, ils puissent servir Dieu & édifier le prochain, comme de vrais imitateurs des héroïques vertus des grands & glorieux saint

Ignace, faint François-Xavier, & faint François de Borgia, qui reluifant comme de brillans flambeaux, non-feulement dans leur Ordre, mais encore dans toute l'Eglife Catholique, y ont laiffé les plus illuftres exemples.

Il eft fur-tout effentiel que l'on confidere avec toute la réflexion que le cas mérite, ce que l'hiftoire nous apprend de la très-févére punition des Templiers, dont l'Ordre fut éteint à caufe des fcandales qu'ils avoient caufés. Il eft cependant certain qu'on ne lit nulle part que ces Chevaliers fe foient jamais portés à des excès auffi criminels que ceux dont les fufdits Religieux fe font rendus coupables. Jamais on ne les a vûs, comme ces Peres, réfifter ouvertement aux Papes & aux Rois, & fe fervir du crédit le plus énorme, pour énerver, foit directement, foit indirectement les Bulles des Papes & les Ordonnances des Rois. On n'a jamais accufé ces mêmes Chevaliers d'avoir formé des Républiques de Sujets, au-dedans même des Etats des Princes, pour les faire révolter contre leurs Souverains. On ne les vit jamais s'oppofer à main armée à tout ce qui pouvoit intéreffer les Rois & les peuples de leurs Etats. Jamais ils ne furent accufés d'avoir afpiré à l'ufurpation de Royaumes & d'Empires entiers. Mais les Jéfuites font coupables de tous ces crimes. Ils entrent dans leurs projets : ils n'auroient pas manqué de les porter en peu d'années à leur confommation, fi l'on n'eût pas eu l'avantage de découvrir leur plan ambitieux & clandeftin.

C'eft en effet ce qu'ils auroient axécuté par le moyen de ces Colonies d'Indiens rebelles & fauvages qu'ils avoient établies, & dont ils s'efforçoient tous les jours d'augmenter le nombre dans toute cette vafte Contrée, qui s'étend depuis le Maragnan jufqu'à l'Uragai. Ils rendoient journellement plus abondantes & plus fortes ces nombreufes Colonies, par le commerce très-confidérable & très-animé qu'ils pratiquoient clandeftinement, par le moyen des Colléges, des Maifons Profeffes & réfidences qu'ils poffédent dans les Capitales des deux Royaumes de Portugal & d'Efpagne, dans les grands lieux maritimes de ces Royaumes, & dans les pays d'outremer. Déja par tous

ces moyens ils avoient comme fermé
les deux Amériques Portugaise & Espagnole, par un cordon si fort, que si
on les eût laissé faire, dans dix ans il
auroit été impossible de le rompre, &
de les débusquer de ces Contrées , n'y
ayant point dans toute l'Europe de Puis-
sances capables de les forcer dans ces
vastes bocages, défendus par des hommes , dont le nombre est presqu'in-
fini, dont les Jésuites seuls connoissent
la Langue & les coutumes, & dont ils
ne cessent de nourrir & d'enflammer la
haine implacable & irréconciliable
qu'ils leur ont inspirée contre tous les
blancs qui ne sont pas de la Compagnie. Que Dieu vous ait en sa sainte
garde.

A Belem le 8 Octobre 1757.

DOM LOUIS DACUNHA.

*A M. François de Almada de
Mendonza.*

LETTRE INSTRUCTIVE

*Du 10 Février 1758 à François de Al-
mada de Mendonza, Ministre de Sa
Majesté T. Fid. en Cour de Rome,
pour l'instruire jusqu'à cette époque de
tous les excès énormes que les Jésuites
avoient accumulés, aux désordres auxquels ils s'étoient livrés dans les Etats
d'outremer de cette Monarchie, lorsque
Sa Majesté s'est vue obligée de faire
donner avis à N. S. P. le Pape Benoît XIV. des attentats de ces Religieux, par la premiere Lettre Instruc-
tive du 8 Octobre 1757.*

LES désordres & les attentats que les
Jésuites ont accumulés dans le Maragnan depuis le commencement du
regne de Sa Majesté, dans la vûe de
rendre impossible l'exécution du Traité
des limites des conquêtes, les souleve-
mens qu'ils ont excités pour cette même fin dans les contrées du Paraguay &
de l'Uraguay, & les cables qu'ils ont
ourdies au-dedans même de ce Royaume & jusques dans le Palais du Roi,

sont de très-pressans motifs qui ont déterminé Sa Majesté à faire sentir à ces Religieux son juste pouvoir. En cela, Sa Majesté ne fera que ce que tous les Souverains ont droit de faire, sans pouvoir s'en dispenser, contre les Ecclésiastiques coupables de sédition & de révoltes, quand même elles ne sont pas si condamnables & si pernicieuses que celles que les Jésuites ont causées au Nord & au Sud du Brésil, & au-dedans de ce Royaume & de cette Cour. Le Roi a d'autant plus de raison de le faire, qu'il a vû l'inutilité parfaite des premiers effets auxquels il a eu la modération de se restreindre, en se contentant de renvoyer de sa Cour les Religieux de cette Compagnie qui en étoient les Confesseurs. Sa Majesté espéroit que cette démarche feroit rentrer dans l'ordre le régime intérieur & perverti de ces Pères, & les porteroit à mettre fin à cette obstination scandaleuse avec laquelle ils s'opposoient à l'exécution du Traité des limites, & qu'ils cesseroient de troubler le repos de la Cour & des Sujets de Sa Majesté. Mais cette clémence & modération de Sa Majesté a produit des effets tout

contraires à ceux que l'on en devoit attendre, ainsi que vous allez le voir.

2. Dès qu'ils ont senti qu'il étoit impossible de faire plier l'infléxible cons-
tance de Sa Majesté & de ses Ministres,
& de les détourner du dessein de faire
exécuter le Traité, dont ils ont bien
compris que l'effet seroit de leur faire
perdre l'empire qu'ils s'étoient formé
dans le centre des Etats d'outremer des
deux Monarchies ; dès qu'ils ont vû
passer *Gomez Freire de Andrada* à la tête
d'une armée dans la Province de *Rio de
la Plata*, & *François-Xavier de Mendonza* dans celle de *Para* à la tête de
trois Régimens de nouvelle création,
ces Peres ont entiérement perdu le ju-
gement & tout sentiment de Religion.
Ils se sont livrés aussi-tôt, pour en venir à leurs mauvaises fins, aux pratiques les plus exécrables, pour calom-
nier & deshonorer par des fables pleines
d'infâmie le très – heureux gouvernement du Roi & la fidélité de ses Ministres. Et mettant en œuvre parmi nous
les mêmes moyens qu'ils ont tant de fois
pratiqués dans plusieurs autres Cours,
ils ont commis des excès qui nous ont
remplis d'horreur & d'épouvante.

3. D'une part, ils se sont appliqués à gagner les personnes qu'ils sçavoient être mécontentes du Gouvernement, soit parce que le Roi ne les employoit pas à son service, soit parce qu'il leur avoit refusé des places qu'ils n'avoient pas méritées. Ils ont répandu de vive voix & par écrit des impostures inouies, des mensonges, des injures outrageantes contre Sa Majesté. Ils se sont efforcés de noircir & de défigurer les effets admirables de la sagesse & de la bonté d'un Roi, pere de ses Peuples, qui les a comblés de tant de graces, & qui fait de jour en jour respecter & adorer, pour ainsi dire, la sagesse & la justice de son incomparable & très-heureux Gouvernement.

4. D'autre part, à l'aide de ces artifices Machiavéliques, ils se sont efforcés de rompre la bonne intelligence qui regnoit entre cette Cour & les autres, & de la brouiller en particulier avec celle d'Espagne ; non-seulement en y répandant des impostures capables d'offenser personnellement les Souverains des deux Royaumes, mais encore en supposant de prétendus préjudices qui devoient résulter contre l'une & l'autre

Cour, de l'exécution du Traité. En effet, ils infinuoient à Lifbonne que le Portugal étoit bien trompé dans ce Traité, & à Madrid ils difoient que c'étoit l'Efpagne qui étoit trompée par la Cour de Portugal.

5. En même tems, quand ils apprirent l'établiffement de la Compagnie du Para, comprenant qu'elle alloit ruiner le gros commerce qu'ils faifoient dans ce pays-là, ils fe porterent auffi jufqu'à l'audace exceffive de s'efforcer d'exciter contre cette Compagnie un foulevement général au-dedans de la Cour de Sa Majefté ; ce qui n'auroit pas manqué d'arriver, fi le Roi ne l'avoit fur le champ prévenu par l'exil du Pere *Ballefter*, qui avoit eu la hardieffe de faire tout exprès un Sermon très-infolent pour foulever le peuple contre cette Compagnie du Para. Ce Pere crioit comme un forcené dans fa Chaire, que *quiconque entreroit dans cette Compagnie, n'auroit aucune part à celle de Notre-Seigneur Jefus-Chrift.* Le Roi fut encore obligé d'exiler le Pere **Bonto de Fonceca** qui, en perfonne & par d'autres émiffaires de fa Société, alloit faire de femblables déclamations dans les

maisons des Ministres & des particuliers, quand ils se flattoient d'y trouver de mauvaises intentions, ou une ignorance dont ils pouvoient abuser. En même temps Sa Majesté exila ou fit arrêter les Commerçans de la Compagnie appellée du *Bien Commun*, qui par la suggestion de ces Religieux, oserent, avec plus d'ignorance que de malice, présenter au Roi à son Audience un Mémoire séditieux; ce qui détermina le Roi à supprimer aussi-tôt cette Compagnie du *Bien Commun*. Par ces démarches & autres aussi dignes de la sagesse de Sa Majesté, Elle confondit & désarma toutes ces intrigues, & d'autres encore bien plus exécrables, pour lesquelles on étoit même allé jusqu'à se servir d'Etrangers qui se trouvoient alors dans cette Capitale, & qui furent assez inconsidérés pour se prêter à de semblables pratiques.

6. Sur ces entrefaites arriva le tremblement de terre. Cette terrible calamité fournit aux Jésuites un nouveau théâtre pour jouer, dans une conjoncture si triste & affligeante, les rôles les plus propres à les faire parvenir à leurs fins détestables. Jamais la méchanceté si fer-

(23)

tile de Nicolas Machiavel n'inventa
rien que la diabolique politique de ces
Peres ne pratiquât alors. Ils forgerent
des prophéties pleines de ménaces de
nouveaux défaſtres qui devoient être
cauſés par des éruptions & des déluges
de feux ſouterreins , & des eaux de la
mer. En même tems ils faiſoient insé-
rer, tant par eux que par leurs émiſſai-
res, dans les Nouvelles publiques qui
ont cours en Europe, des relations de
nouveaux malheurs, de miſeres extrêmes, d'horreurs épouvantables, qu'ils
diſoient nous être arrivés, quoiqu'ils
n'euſſent pas eu la moindre ombre de
réalité. Ils les annonçoient comme des
punitions de péchés publics & ſcanda-
leux, qui n'étoient que des ſuppoſitions
d'une impoſture d'autant plus criminelle, qu'ils les plaçoient dans le temps
de la réforme la plus réguliere & la plus
exemplaire que la Cour & le Royaume
de Portugal aient vûs depuis l'époque
de la fondation de cette Monarchie. Ce
n'eſt pas tout encore. Ils en vinrent juſqu'à cette incroyable audace, qui jamais n'a eu d'exemple, d'oſer mettre
ſous les yeux de Sa Majeſté ces Ecrits
ſéditieux & remplis de toutes ces im-

postures. Ils espéroient par-là d'abattre & de consterner cette grande ame, à laquelle Dieu a accordé, pour notre bonheur, une sérénité à toute épreuve & supérieure à toutes ces malignes impressions. A cette énorme témérité, ils ont encore ajoûté celle d'abuser de la pieuse affection que le Roi a toujours eu pour les personnes qui portent l'habit des Capucins ; &, par ce moyen, ils ont introduit à la Cour deux Peres Récollets, que pendant quelques années ils avoient logés avec eux dans leur Maison Conventuelle de S. Roch, & que depuis, pour se les assujettir davantage, ils avoient établis dans l'Hospice de Ste Apolline, quand ils en chasserent les Genois. Ils se sont servis de ces Récollets comme de leurs instrumens, non-seulement pour inspirer les frayeurs dont j'ai parlé, mais encore pour insinuer d'autres suggestions très-pernicieuses, dont la sagesse & la lumiére très-pénétrante de Sa Majesté a heureusement triomphé. Pour eux, (de concert avec ces Peres Récollets) ils s'étoient réservé le rôle d'appuyer & de confirmer toutes les impostures qu'ils leur avoient fait avancer, non-seulement

dans

dans l'intérieur du Palais, mais encore dans ſes ſanctuaires les moins pénétrables & les plus ſacrés. Par ces moyens, s'ils avoient pu venir à bout de vaincre la ſageſſe & la conſtance de Sa Majeſté, le Royaume auroit été expoſé aux plus grands déſordres. L'autorité Royale auroit été entiérement renverſée, & du ſein d'une ſi horrible confuſion, l'on auroit vû s'élever l'Empire Jéſuitique, ſuivant toute l'étendue de leurs projets.

7. La découverte de ces intrigues, & la punition de ceux qui y avoient ſervi d'inſtrument, ne les arrêterent pas. Le Roi ayant fait publier l'établiſſement de la Compagnie chargée de la culture des vignes du Haut-Douro, la cabale que la prudence & la ſageſſe de Sa Majeſté avoit déſarmée dans ſa Capitale, ſe remit à tramer ſes funeſtes opérations dans la ville de Porto, ſeconde ville du Royaume. Les Jéſuites, chefs de cette cabale, y travaillerent avec ardeur à rendre odieux aux Sujets de Sa Majeſté, le Roi, ſon Gouvernement & ſon fidèle Miniſtere, en rebattant ſans ceſſe les imputations & les impoſtures qu'ils avoient répandues dans le Royau-

me & dans les pays étrangers. Ils abu-
ſerent même de la ſimplicité des gens
du commun, juſqu'à leur faire croire
cette inſigne fauſſeté, que les *vins qui
ſeroient vendus par la Compagnie qu'on
venoit d'établir, ne vaudroient rien pour
la célébration du ſaint Sacrifice de la
Meſſe.* Ils firent extraire en même tems
des Archives de la ville la relation du
ſoulavement arrivé dans la même ville
en l'année 1661, & la mettant entre
les mains des gens mal-intentionnés &
encore plus mal inſtruits, ils leur diſoient & répandoient par toute la ville
que, ſi ce ſoulevement commençoit
comme en 1661 par des femmes & des
valets, il demeureroit comme alors
ſans punition. Ils ſe ſervirent encore de
ces ſuggeſtions pour animer d'autres
Eccléſiaſtiques, que leur légéreté rendoit capables de ſe livrer à leurs inſinuations. Par ces moyens, ils vinrent à
bout d'exciter l'horrible émotion du 23
Février de l'année derniere, qui fut
comme le ſecond tome de celle de l'année 1661, ſans la moindre différence;
ce qui for ça enfin le Roi de faire violence à ſa bonté, & lui cauſa l'extrême
déplaiſir de punir les habitans de çette

(27)

ville, mais avec toute la modération
que pouvoit permettre l'indifpenfable
néceffité de ne plus laiffer fans châtiment un exemple fi pernicieux, & de
donner à fes fideles Sujets la fatisfac-
tion qu'exigeoit naturellement un fcandale & un attentat fi peu ordinaire dans
le Royaume.

8. Rien au monde ne paroiffoit plus
capable d'abattre & de réprimer le té-
méraire orgueil de ces Peres. Ils devoient naturellement s'affliger & fe
remplir de confufion & de regret, en
voyant cette ville infortunée à la dif-
crétion des gens de guerre, & fes habitans gémiffans dans les fers dont ils
étoient redevables à la méchanceté de
ces Religieux qui les avoient précipités
dans cette calamité. Mais il en arriva
tout le contraire, comme on a été obligé de s'en convaincre par des faits qu'il
eft impoffible de nier.

9. De tels événemens, des conjonctures fi délicates & fi périlleufes, font
voir bien clairement la fageffe de la ré-
folution fi néceffaire que le Roi a prife
de chaffer les Confeffeurs de fa Cour.
C'étoit le moyen qui paroiffoit le plus
capable de défarmer ces Religieux, &

de leur ôter le crédit que leur donnoient les Confeſſeurs de leurs Majeſtés & de la Famille Royale. Ils abuſoient de ce crédit , juſqu'à mettre ſous leurs pieds les Miniſtres mêmes & tous les citoyens, par la frayeur qu'ils leur cauſoient par leur grand pouvoir , & par cette appareil formidable qu'ils étaloient aux yeux de tout le monde. D'où il eſt arrivé , entr'autres effets pernicieux , que , pendant bien des années , on n'a oſé exécuter aucun ordre Royal, qui fût capable de cauſer le moindre déplaiſir à ces Peres.

10. Mais tout l'effet qu'a produit une démarche ſi modérée , eu égard aux motifs qui l'ont rendue ſi néceſſaire , a été de porter ces Peres à forger de nouvelles impoſtures , & à répandre les bruits les plus inſultans & les plus faux. Entr'autres fauſſetés , ils ont publié que leur *conduite dans le Maragnan & l'Uraguai a été auſſi juſte que réguliere ; qu'ils n'étoient perſécutés qu'à cauſe des efforts qu'ils faiſoient pour conſerver la Foi dans ce Royaume, où , diſoient-ils, on avoit deſſein d'abolir le Tribunal du Saint-Office*, dont tout le monde ſçait que ces Peres ſont les plus grands enne-

mis, parce qu'ils n'ont pas pu se rendre maîtres de ce Tribunal. Ils ajoûtoient que *le Roi vouloit établir en Portugal la liberté de conscience ; qu'il pensoit à marier la Princesse héréditaire avec un Prince d'une autre Religion ; que le soulevement de Porto avoit été juste, & d'ailleurs de peu de conséquence, n'y ayant que des femmes & des polissons qui y avoient pris part ; qu'enfin il n'y avoit rien de plus injuste que le châtiment qu'on en avoit fait, &c.*

11. Le Roi étant donc convaincu par ces nouveaux motifs de l'indispensable nécessité de désabuser ceux de ses Sujets que l'on a imbus de si pernicieuses & de si sacriléges calomnies, & de démasquer enfin ces Religieux, en faisant connoître au Public une partie des très-justes raisons que *la décence peut permettre d'exposer aux yeux du monde*, & qui ont obligé Sa Majesté d'agir comme Elle l'a fait, Elle a ordonné l'impression des deux Ecrits, dont vous recevrez quelques exemplaires pour votre entiere instruction.

12. L'un de ces deux Ecrits (*a*) con-

______

(*a*) C'est ce même Mémoire que Sa Majesté a

tient de simples extraits des Lettres de Gomez Freire d'Andrada , de François-Xavier de Mendonza & de l'Evêque de Para. Ces extraits ont été tirés avec une grande précision , & *autant que la pudeur a pu le permettre* , des originaux authentiques qui sont consignés dans la Secrétairerie d'Etat. Ils ne contiennent que les faits publics & notoires qui ont été & sont encore de la connoissance de tous les habitans du Brésil , & de tous les Portugais qui ont des correspondances dans ce pays-là.

13. Le second Ecrit contient une copie de l'original de la Sentence rendue dans la Jurisdiction de Porto , sur des procédures de quatre mille rôles. Le régime des Jésuites y feroit une grande & énorme figure , si Sa Majesté n'avoit cru dès le commencement que sa piété l'obligeoit de supprimer , dans l'extrait qu'Elle en a fait faire , tout ce qui regarde les Ecclésiastiques.

14. Il est certain que ces deux Ecrits & les faits incontestables qui y sont contenus , acheveront de faire connoître les cabales & les méchancetés que

fait présenter au Pape pour demander la réforme de ces Religieux.

(31)

ces Religieux ont pratiquées dans ce
Royaume. On y trouvera la conviction
complette de toutes les impostures que
ces Peres ont publiées. Il est également
certain qu'après qu'ils ont vû qu'il ne
leur étoit pas possible de tromper le
Portugal , ils se sont appliqués avec
des efforts & des soins plus grands encore à répandre dans les pays étrangers
ces calomnies pernicieuses, qu'ils n'ont
inventées que pour faire disparoître &
nier avec une témérité incroyable les
révoltes & les attentats qu'ils ont cau-
sés dans le Paraguai & le Maragnan. Ils
ont eu l'audace de nier ce qui est de notoriété publique , & ce qui a été & est
encore sous les yeux de trois armées &
de tout le Brésil ; ce qui est d'une témérité aussi grande que de nier qu'il y eût
en Europe les Villes de Lisbonne, de
Madrid & de Londres , en présence des
personnes qui n'y ont point encore été.
C'est par des artifices & des mensonges
de la même nature qu'ils sont autrefois
parvenus à rendre incroyables à la Cour
de Madrid les attentats par lesquels ils
ont opprimé en Asie D. Philippe Pardo,
Archevêque de Manilles ; en Amérique D. Bernardin de Cardenas , Evêque

B iv

(32)

du Paraguai, & Dom Jean de Pala-
fox & Mendonza, Evêque de la Puebla
de los Angeles. C'eft encore de moyens
tous femblables qu'ils fe font fervis
pour rendre, pendant fi long-tems, incroyables à la Cour de Lifbonne les
plaintes multipliées des peuples & des
Prélats du Bréfil ; de maniere que les
unes n'ont jamais pu parvenir à la con-
noiffance du Roi D. Jean V, & les autres, qu'ils n'ont pu lui dérober, font
demeurées pendant vingt-cinq ans fans
effet avec les decrets donnés pour y
mettre ordre, & qu'enfin, par la mort
de ce Monarque, elles fe font trouvées
dans les mêmes termes qu'au premier
jour, fans que les ordres du Roi aient
eu la moindre exécution.

15. Tel étoit le pouvoir de ces Peres
dans cette Cour! Tel étoit leur énorme
crédit dans les affaires, qu'il alloit jufqu'à s'élever au-deffus du refpect dû à
un fi grand Roi! Tel enfin a été le pré-
judice que leur pouvoir & leur crédit
ont caufé aux deux Monarchies, en em-
pêchant d'ajoûter foi aux repréfenta-
tions des Prélats les plus refpectables,
& aux plaintes des peuples opprimés,
quand il étoit tems de les entendre &

d'y mettre ordre, avant que ces Religieux se fussent procuré en Asie & en Amérique les forces qui animent aujourd'hui si excessivement leur témérité.

16. Sa Majesté ordonne de vous donner connoissance de toutes ces choses, afin que vous, Monsieur, en puissiez faire l'usage convenable en tems & lieux opportuns, pour désabuser les personnes à qui ces Religieux ont fait illusion par leurs artifices.

Que Dieu vous ait, Monsieur, en sa sainte garde. A Salvaterra de Magos, le 10 de Février 1758, D. Louis d'Acunha. A M. François de Almada de Mendonza.

MÉMOIRE

DE

SA MAJESTÉ T. F.

AU PAPE

CLÉMENT XIII.

MÉMOIRE

QUE SA MAJESTÉ TRÈS-FIDELE a fait remettre au Pape Clément XIII. avec sa Lettre du 20 Avril de la présente année 1759.

LA violence avec laquelle les Supérieurs de la Compagnie dite de Jésus, sans autre vûe que ses intérêts temporels, ont réduit à un entier esclavage les Indiens du Bresil ; la tyrannie qu'ils n'ont cessé d'exercer sur ces peuples, en leur ôtant la liberté de leurs personnes, de leurs biens & du commerce ; leur obstination à violer les Bulles & les Ordonnances par lesquelles le Saint Siége Apostolique & les Rois de Portugal défendent de vexer & d'opprimer comme des esclaves ces peuples, qui sont libres de droit naturel & divin ; tous ces abus, qui du fond de l'Amérique ont retenti jusqu'aux oreilles de notre très-Saint Pere Benoît XIV. exciterent le zèle ardent de ce suprême & vigilant Pasteur, & le déterminerent à donner un Bref Apostolique, qui commence par ces

(38)

mots , *Immenfa Paftorum Principis* , en date du 20 Décembre 1741.

Ce Pontife y condamne hautement la tyrannie avec laquelle on traite les Indiens qui dépendent de ce Royaume. Il y excite le Roi D. Jean V. à faire ufage de toute fa piété , pour réprimer par fes Miniftres & par fes Officiers les rapines & les extorfions que fouffrent ces Peuples. Il défend de les pratiquer davantage fous peine d'excomunication *latæ Sententiæ*. Enfin il y charge la confcience des Archevêques & Evêques du Brefil , d'employer toute leur vigilance pour faire dûment exécuter ces Lettres Apoftoliques.

2. Le très - pieux & très - glorieux Monarque D. Jean V. prenoit toutes les mefures convenables pour faire concourir fon pouvoir temporel avec la puiffance fpirituelle de Sa Sainteté à l'exécution de ce Bref & des Bulles , dont il renouvelle les difpofitions, lorf-qu'il en fut empêché par le fatal ac-cident du 10 de Mai 1742 (a), dont les triftes effets ont duré fans difcontinua-tion jufqu'au 31 de Juillet 1750 , que

(a) Attaque d'apoplexie & de paralyfie du Roi D. Jean V.

Dieu appella ce Prince à sa sainte gloire.

3. Ce Monarque étant mort, dans le tems même que le traité des limites des conquêtes des Cours de Portugal & d'Espagne venoit d'être ratifié, Sa Majesté très-Fidéle heureusement régnante, fit dès-lors expédier à ses Généraux & Officiers des frontieres du Bresil, les ordres nécessaires pour effectuer les échanges convenus entre les deux Couronnes, & régler les limites, selon qu'il étoit porté dans le traité susdit. La réponse de ces Généraux & Officiers fut, « Que l'exécution de ce
» traité étoit sujette à de grandes diffi-
» cultés, d'autant que les Supérieurs
» des Religieux Jésuites, ayant ravi
» aux Indiens la liberté de leurs per-
» sonnes, de leurs biens & du com-
» merce, ils s'étoient fortifiés de telle
» maniere dans le pays, qu'il ne se-
» roit pas facile de les réduire ; que
» ces Religieux s'étant rendus les Sei-
» gneurs & les Maîtres absolus de tant
» de milliers d'hommes inaccessibles
» aux Portugais & aux Espagnols, & qui
» n'avoient avec eux aucune commu-
» nication, ils les tenoient dans une

» foûmiſſion telle qu'on n'en avoit ja-
» mais exigé de la part de créatures
» raiſonnables. Que ces peuples ſi plei-
» nemenr & ſi ſingulierement ſoumis ,
» ſe laiſſeroient plutôt mettre en piéces
» que de deſobéir au plus petit com-
» mandement de ces Peres , & de re-
» cevoir dans leurs terres & habita-
» tions les Portugais & les Eſpagnols.

4. Ces étranges nouvelles ajoutoient au Bref du Pape du 20 Décembre 1741, un nouveau motif bien capable d'exci-ter le Roi très-Fidele à faire ceſſer cette domination tyrannique , que les Peres Jéſuites exerçoient ſur les Indiens , & à écarter les obſtacles qu'ils mettoient à l'exécution du traité des limites. Mais Sa Majeſté , malgré de ſi juſtes ſujets d'indignation , crut devoir encore ſe contenir dans les bornes d'une modé-ration bien plus grande que des con-jonctures ſi extrêmes & ſi preſſantes ne le permettoient. Elle ſe contenta donc de faire publier dans le Breſil par les Evêques Diocéſains , le Bref du 20 Décembre 1741 , & les deux Ordon-nances que Sa Majeſté avoit faites en conformité de ces Lettres Apoſtoliques, en date des 6 & 7 Juin 1755. Elle

eſpéroit que cette publication feroiṭ ſentir la néceſſité d'obſerver les Bulles & les Loix Royales, qui ordonnent de laiſſer jouir les Indiens de la liberté de leurs perſonnes , de leurs biens & du commerce, & qui défendent aux Jéſuites de s'immiſcer dans le gouvernement temporel de ces peuples, qui ne peut appartenir qu'à des Généraux & des Officiers féculiers.

5. Ces Religieux n'eurent pas plutôt appris les ordres que Sa Majeſté très-Fidele avoit donnés pour faire exécuter ces déciſions Pontificales & ces Loix, qu'ils firent naître coup ſur coup dans ces Régions, & parmi ces peuples les plus grands ſoulevemens & les plus horribles déſordres.

Le Roi en fut informé par des relations authentiques, envoyées par les Prélats, les Généraux & les Miniſtres de ce même Pays, par deux navires qui venoient du Nord & du Sud de l'Amérique ; ces relations qui arrivèrent à Liſbonne aux mois de Juillet & d'Août 1757 , ayant été vûes & attentivement conſidérées par des Miniſtres habiles & craignant Dieu , & Sa Majeſté très-Fdele ayant fait de ſé-

rieufes réflexions fur les Confeils una-
nimes de ces Miniftres, avec ce difcernement exquis & cette prudence con-
fommée qui font l'admiration & le
bonheur de fes Etats, Elle prit, con-
formément à ces Confeils, les réfolutions fuivantes.

6. En premier lieu, comme il étoit
notoire à tout le monde que les emplois des Jéfuites dans le Palais de Sa
Majefté,& l'autorité qu'ils s'arrogeoient
en conféquence, leur donnoit lieu de
fe faire craindre à la Cour & dans le
Royaume par leurs menaces & l'étalage
de leur crédit, & de caufer des troubles
continuels dans le Brefil par l'oftenta-
tion qu'ils y faifoient de leurs richeffes
& de la force des armes de leurs Indiens, Sa Majefté fe détermina le 19
Septembre 1757, à congédier les Religieux de cet Ordre, qui étoient Confeffeurs de Sa Majefté & de la famille
Royale, & à en nommer d'autres de
différens Ordres qui font bien connus.
Elle interdit en même tems aux Jéfuites l'entrée de fon Palais, où ils
avoient fait de leurs emplois un abus
fi préjudiciable au public.

7. En fecond lieu, Sa Majefté très-

Fidèle perséverant, malgre tant d'excès énormes, dans sa très-religieuse modé= ration, fit faire dans sa Secrétairerie d'Etat, un Précis & Sommaire abrégé de ces mêmes relations autentiques ve- nues d'Amérique peu auparavant dans les mois de Juillet & d'Août, & même de celles qui les avoient précédées. C'est ce qui fut exécuté dans ce petit volu- me intitulé, *Relation abrégée de la Ré- publique que les Religieux Jésuites des Provinces de Portugal & d'Espagne ont établie dans les États d'outremer des deux Monarchies, & de la guerre qu'ils y ont excitée & qu'ils y soutiennent con- tre les armées Espagnole & Portugaise.*

L'intention de Sa Majesté étoit de donner par cet abrégé au Pape Benoît XIV. & aux Cardinaux de son Con- seil, pour les raisons qui seront décla- rées ci-après, une idée claire & précise des funestes progrès que l'ambition & l'orgueil des Supérieurs de ces Re- ligieux leur ont fait faire dans les Etats d'outremer de la Couronne de Portugal.

8. En troisième lieu, Sa Majesté très-Fidèle fit donner en même-tems à son Ministre en Cour de Rome, les instructions portées dans la Lettre de

fon Secrétaire d'Etat du 8. Octobre de la même année , (*a*) afin que remettant entre les mains du Pape l'abrégé fufdit & la Lettre inſtructive , dont cet écrit étoit accompagné , il témoignât à Sa Sainteté l'eſpérance que Sa Majeſté avoit dans les meſures néceſſaires , très-néceſſaires, que Sa Sainteté ne man-queroit pas de prendre dans une conjonc-ture fi preſſante , pour empêcher que cette Compagnie , qui avoit toujours été fi protégée par les Monarques Por-tugais & ſpéciaclement par ſa Majeſté , ne ſe perdît entierement dans ce Royau-me & dans ſes dépendances par la cor-ruption des mœurs de ſes Religieux. Sa Majeſté ſe laiſſant encore perfuader par ſa très- religieuſe clémence , que le concours des remédes ſpirituels éma-nés du Saint Siége Apoſtolique & des marques ſenſibles qu'Elle avoit donné de ſon mécontentement, pourroient ra-mener ces Religieux aux devoirs de leur état.

9. Le Courier qui devoit porter à Rome les dépêches du Roi , étoit ſur le point de partir , lorſqu'on apprit par

(*a*) C'eſt la premiere piéce de ce Recueil.

des informations & des preuves décifi-
ves, que l'orgueil & l'arrogance de ces
Religieux fe portoient à de nouveaux
excès. Bien loin d'être humiliés par
leur difgrace, ils avoient porté l'audace
jufqu'à répandre dans les Cours étran-
geres de vive voix & par écrit , les
plus outrageantes impoftures , s'efforçant d'y donner une idée auffi fauffe
que finiftre du caractere de Sa Majefté
très-Fidèle. Ils y noirciffoient les vertus
religieufes de Sa Majefté. Ils y dé-
crioient la fageffe de fon Gouvernement. L'objet principal de toutes ces
calomnies, fi conformes à leur doc-
trine & à leur morale, étoit de commettre la Cour de Portugal avec les
autres Cours, d'éteindre dans le cœur
des Sujets de Sa Majefté , l'amour &
le refpect fi naturels à la nation Portugaife, & de parvenir par ces indignes
voies à ourdir les intrigues les plus
criminelles, même dans la Cour de Sa
Majefté.

10. Ces nouveaux effets de leur malice, firent différer le départ du Courier jufqu'au 10 de Février de l'année
derniere 1758. Sa Majefté fit expédier
ce jour-là pour fon Miniftre à Rome de

nouvelles inſtructions relatives aux der-
nieres inſolences de ces Religieux. (*a*)
Elle lui ordonna de les mettre avec
les premieres ſous les yeux du Pape
Benoît XIV. afin que Sa Sainteté fût
auſſi pleinement inſtruite de tous ces
excès, que de la très-religieuſe modération de Sa Majeſté & de la très preſſante néceſſité où Elle ſe trouvoit
d'apporter de concert avec le Pape le
plus prompt reméde à des maux ſi ex-
traordinaires. Sa Majeſté très-Fidele fit
en même-tems envoyer des copies de
cette derniere Lettre inſtructive à tous
ſes Miniſtres dans les Cours étran-
geres, afin qu'ils puſſent avoir & donner une connoiſſance aſſurée des meſures que le Roi avoit priſes pour
s'oppoſer à de ſi énormes attentats.

11. Les relations & les dépêches dont
on vient de parler ayant été miſes ſous
les yeux du Saint Pere, ſon profond
diſcernement & ſes vives lumieres le
convainquirent auſſi-tôt que le Roi très-
Fidèle étoit dans la néceſſité indiſ-
penſable de ſe ſervir du pouvoir dont
Dieu l'a revêtu, pour maintenir les

(*a*) C'eſt la ſeconde piéce de ce Recueil.

droits de fon autorité fouveraine &
la tranquillité de fes Etats , fuivant que
l'y obligent le droit naturel , les devoirs de fa dignité & la légitimité de
la défenfe qui appartient , & a toujours appartenu depuis qu'il y a des
Gouvernemens politiques au monde ,
à tous les peres de famille, pour éloigner
de leurs maifons & réprimer efficace-
ment tout ce qui peut y caufer des
préjudices & du trouble. C'eft ce qu'on
a toujours pratiqué dans les Etats de
l'Europe les plus Catholiques & les
plus pieux , quelquefois même dans
des conjonctures beaucoup moins délicates & moins preffantes. Sa Sainteté très-touchée de voir que malgré
tous ces motifs , tous ces exemples &
les fortes raifons qui devoient déter-
miner le Roi à ne plus fufpendre les
juftes effets de fon reffenriment , & le
porter à des coups d'autorité , il avoit
eu la modération & la bonté de fe
reftreindre à recourir au Saint Siége ;
Sa Sainteté, dis-je, prit alors la réfo-
lution de faire expédier fon Bref pater-
nel du premier Avril de l'année derniere , lequel commence par ces mots ,
In fpecula fupremæ dignitatis. Par ce

Bref adreſſé à l'Eminentiſſime & Ré-
vérendiſſime Cardinal de Saldanha, le
Pape lui conféroit toute la juriſdiction
& l'autorité néceſſaire pour corriger &
réprimer les attentats où ſe portent ſans
ceſſe l'avidité, l'orgueil & la fureur
des Religieux de la Société.

12. Ce Bref leur fut ſignifié le 12
de Mai de la même année derniere.
Auſſitôt le Cardinal commença à pro-
céder à cette réforme par ſon Mandement du 15 du même mois. Il y
défendoit aux Jéſuites le gros commerce
qu'ils faiſoient en tenant des magaſins
publics de toutes ſortes de marchandiſes
d'Aſie & d'Amérique, & des comptoirs
de banque ouverte par terre & par mer
dans preſque toutes leurs maiſons &
dans des maiſons ſéculieres qu'ils
avoient auprès du Port, pour s'épar-
gner les voitures des balots. Par le
même Mandement, ſon Eminence
avoit en vûe de faire ceſſer le ſcandale criant que ces Religieux n'a-
voient pas honte de donner par leur
commerce, tant aux Officiers & Rece-
veurs du Domaine Royal, dont ils
fraudoient les droits, qu'aux Négocians
Portugais, par l'impoſſibilité où ils les

réduiſoient

réduisoient de faire leur commerce ; ces Marchands étant obligés de payer les droits des marchandises que les Jésuites vendoient sans payer d'impôts. Ils donnoient un scandale encore plus fâcheux aux étrangers de Religions différentes qui commerçoient dans les Villes de Lisbonne & de Porto, & qui à la vûe de ce grand négoce des Peres de la Campagnie, se persuadoient que l'Eglise Catholique Romaine permet aux Ecclésiastiques de souiller leur saint ministere par la pratique d'un gain sordide, fruit d'un commerce profane. En un mot, ils scandalisoient le monde entier, qui voyoit des Ministres de l'Evangile & des maisons Religieuses livrés à une corruption si déplorable. C'étoit à tous ces abus que le Cardinal Saldanha s'étoit proposé de mettre ordre par son Mandement.

13. Mais bien loin que le zèle de son Eminence & sa correction paternelle aient pû procurer la réforme de ces Religieux, il en résulta des effets tout opposés à ceux qu'on en devoit attendre. On vit ces Peres, après le Mandement du Cardinal, se rendre de jour en jour plus coupables. Ils ne mi-

rent plus de bornes à leur audace, à leur orgueil, à leur obſtination ; leurs ſcandales devinrent plus horribles ; enfin ils ſe précipiterent dans les plus grandes extravagances où la miſere humaine puiſſe tomber.

14. Dès que le Bref de la réforme & le Mandement du Cardinal leur eurent été ſignifiés, ils firent d'abord tous leurs efforts pour faire accroire, par des inſinuations artificieuſes & clandeſtines, aux perſonnes qu'ils ſçavoient aſſez ſimples pour ajouter foi à leurs impoſtures, que le Bref ne venoit point du Pape, que c'étoit une piéce fauſſe & ſuppoſée, & que la commiſſion que l'Eminentiſſime Réformateur leur avoit fait ſignifier, n'avoit aucune réalité. Y avoit-il rien de plus inſolent qu'une ſemblable impoſture, & de plus audacieux qu'une calomnie auſſi horriblement débitée contre l'honneur & la bonne foi de Sa Majeſté, qui avoit ſollicité & obtenu le Bref, & contre l'Eminentiſſime Cardinal de Saldanha qui en étoit l'exécuteur ?

15. On les voyoit en même-tems courir deux à deux avec l'empreſſement le plus affecté, dans les maiſons des

Habitans de cette Capitale & des Cités & Villes de ce Royaume, y abuſer par leurs impoſtures de la crédulité des perſonnes qu'ils croyoient les plus ſuſceptibles de ſéduction, leur nier avec la témérité la plus maligne, des faits atteſtés par la notoriété publique, ce qui s'étoit paſſé & ſe paſſoit encore tous les jours ſous les yeux de trois armées entieres & de tous les Habitans du Breſil; leur affirmer qu'il n'y avoit rien de plus faux que la guerre & les ſéditions qu'ils ont excitées ſur les frontieres & dans les contrées Septentrionales & Méridionales de ce pays, quoiqu'il n'y ait point de vérité plus certaine & plus connue, & que cette guerre ait déja coûté au Tréſor Royal plus de 26 millons de cruzades. (a) Ils aſſuroient avec une impudence incroyable, que ces guerres & ces ſéditions étoient de pures chimeres, que l'imputation qu'on leur faiſoit d'en être les auteurs, étoit une impoſture, que la relation qui en avoit été dreſſée par les ordres du Roi dans la Secrétai-

(a) La Cruzade eſt une piéce d'argent de Portugal qui vaut 480 reis, ou 50 ſols de notre monnoye.

rerie d'Etat fur les Mémoires authentiques des Evêques, Généraux & Officiers
de Sa majefté dans ce pays-là, pour être
préfentés de la part du Roi au Souverain Pontife, fous le titre de *Relation
abrégée*, &c. étoit un libelle diffama-
toire, un écrit fatyrique, une piéce fa-
briquée par des fauffaires. Des difcours
fi impudens, fi téméraires, fi calom-
nieux auroient mérité feuls, que le Roi
très-Fidele eût fait reffentir à ces per-
vers & déteftables Religieux, les effets
les plus féveres de fon jufte & Royal
pouvoir; mais fa très-religieufe clémence prévalut encore fur fon courroux.

16. Cette effronterie, cette témérité, ces menfonges ne demeurerent
pas renfermés dans ce Royaume, au
contraire les Jéfuites de Portugal, de
concert & d'accord avec leurs confreres
habitués dans les autres Royaumes &
Etats de l'Europe, n'ont pas ceffé d'y
reprendre leurs impoftures abominables
avec les mêmes artifices & l'empreffe-
ment le plus criminel. Elles ont été
le fujet ordinaire de leurs lettres & de
leurs converfations. Toutes les Cours
le fçavent, & rien n'eft plus notoire.
Par ces impoftures, ces Religieux fe

préparoient à effectuer de plus grands attentats, dont ils avoient dès-lors formé le projet, comme on va le faire voir dans un moment.

17. Dans ces circonstances, dont Joseph Manuel (a) Cardinal, Patriarche de Lisbonne, fut déterminé par les plus puissans motifs à rendre son Ordonnance du 7 Juin de l'année derniere. Il étoit instruit des censures fulminées dans la Bulle *ex debito pastoralis Officii* du Pape Urbain VIII. du 22 Février 1633, & dans celle de Benoît XIV. du 20 Décembre 1741, qui commence par ces mots *immensa Pastorum Principis*, avec excommunication *latæ Sententiæ* contre les Religieux commerçans. Son Eminence voyoit que ceux de la Compagnie de Jesus avoient fait & faisoient encore dans leurs maisons consacrées à Dieu, & dans les magasins qu'ils tenoient hors de ces maisons, un gros commerce tout public, & qu'ils y exerçoient aussi publiquement la banque & les changes, ce qui avoit servi de fondement à l'Ordonnance du Cardinal Réformateur. Il sçavoit qu'il est de foi que le commerce défendu

(a) d'Atalaya.

par les deux conftitutions ci-deffus rap-
portées, mérite les cenfures qu'elles ful-
minent. D'ailleurs le trafic & les bu-
reaux d'ufure de ces Religieux étoient
fi publics, qu'il étoit impoffible de
nier le fait. Son Eminence avoit
donc une jufte raifon de croire comme une vérité certaine & indubitable,
que ces Religieux non - feulement
avoient encouru les cenfures portées
par les Bulles, mais encore qu'ils étoient
endurcis & obftinés dans la tranfgref-
fion de ces Loix Apoftoliques. Il en
concluoit qu'après le dernier Bref de
Réforme *In fpecula fupremæ dignitatis*
du premier Avril de l'année derniere,
dans lequel le Pape Benoît XIV ordonna l'exécution des deux Conftitutions précédentes, & que le Cardinal Réformateur avoit fait publier avec
fon mandement, il ne pouvoit plus fans
un abus criminel & fans un fcandale
général, fouffrir que ces Religieux fi
notoirement opiniâtres & endurcis dans
le mépris des cenfures dont ils étoient
frappés, exerçaffent le faint Minif-
tere dans fon Patriarchat, jufqu'à ce que
par la ceffation de leur négoce & de
leurs changes ufuriers, on eût des preu-

ves publiques & certaines de leur
soumission au decret du Saint Siége
Apostolique & au Mandement du Cardinal Réformateur. Le Cardinal Patriarche étoit encore aussi frappé qu'il
le devoit être de la rébellion formelle & très-certaine que ces Religieux avoient excitée contre Sa Majesté & son Gouvernement, par l'a-
bus qu'ils avoient fait du Saint Ministere, pour tromper les Sujets de ce
Prince & anéantir dans leur cœur, par
leurs pratiques clandestines & leurs
calomnieuses suggestions, le respect
& l'amour que tous les sujets de Sa
Majesté lui doivent, non - seulement
comme à leur Roi & Souverain Seigneur, mais encore comme à un pere
très-clément & plein de la plus vive
tendresse. Son éminence ne pouvoit
douter que des Religieux, qui par con-
séquent étoient tout à la fois coupables d'une désobéissance formelle &
opiniâtre au Saint Siége Apostolique,
& d'infidélité envers leur Souverain
naturel, n'eussent eux-mêmes un extrême besoin de correction & de refor-
mation, ce qui les rendoit visiblement &
absolument incapables de diriger les

&onfciences. Enfin , l'Eminentiffime
Patriarche , convaincu de la néceffité
indifpenfable pour l'Etat & la Religion , de remédier au plutôt à des abus
fi réels , fi déplorables , ne crut pas devoir differer plus long temps cette Ordonnance , par laquelle il interdit à
tous les Religieux de la Compagnie ,
la Confeffion & la Prédication dans
toute l'étendue de fon Patriarchat.

18. Cette démarche lui paroiffoit
appuyée fur des raifons fi juftes, que
peu de tems après , étant à l'article de
la mort , comme on le fupplioit de
lever l'interdit qu'il avoit prononcé
contre les Jéfuites , il fit cette réponfe,
dans laquelle il perfévéra jufqu'au dernier foupir : *Quoique j'aie fort aimé
ces Religieux , je ne vois pas qu'il foit
furvenu aucun nouveau motif de me faire
changer ce que j'ai ordonné à leur égard,
pour fatisfaire à l'indifpenfable obliga-
tion de ma confcience.*

19. Mais voici quelque chofe de plus
fort encore que tout ce que nous ve-
nons de dire. Dans le tems même que
les Supérieurs des Jéfuites conti-
nuoient d'accumuler depuis tant d'années en Amérique révoltes fur révoltes,

violences fur violences , ufurpations
fur ufurpations , dans le tems qu'en
Europe , & même à la Cour de Rome
ils entaffoient infultes fur infultes, impoftures fur impoftures ; le Général
de ces Religieux faifoit l'étonné &
l'ignorant de tout ce qui s'étoit paffé
& fe paffoit encore de contraire à l'honneur & au fervice du Roi dans le fein
de fa propre Compagnie , à la vûe de
toute l'Amérique , de l'Europe entiere ,
& même de la Cour de Rome , où il
réfide. Affectant fur tout cela l'air d'un
homme qui n'y auroit pas eu plus de
part qu'à des chofes qui fe feroient
paffées il y a deux cens ans dans les
ifles du Japon, d'où l'on ne reçoit plus
de nouvelles depuis long – tems , il
eut l'effronterie de préfenter à Sa Sainteté le captieux Mémorial du 31 Juillet 1758.

20. Après y avoir artificieufement
allégué cette ignorance hypocrite , &
fauffement déclarée qu'il n'avoit reçu
aucun avis des défordres de fes Religieux , ce Général fous la vaine appa-
rence d'une humilité de langage qui
ne quadre nullement avec le fond de
fon Mémorial , a la témérité d'y avan-

C v

cer les deux chofes du monde les plus arrogantes & les plus infupportables.

La premiere , c'eft cette prétention inouie & fi exceffivement offençante pour la Couronne de Portugal & l'autorité de Sa Majefté Très-Fidèle , que le Pape doit évoquer à Rome la réforme dont le Bref a été accordé aux inftances de Sa Majefté , & les procédures commencées pour cette affaire en Portugal, depuis le 2 Mai de l'année derniere.

La feconde, c'eft l'horrible & criminelle menace , contenue dans ces paroles du Mémorial. *De plus il eft fort à craindre que cette vifite au lieu d'être utile pour la réforme, ne donne lieu à des troubles qui ne feront pas fort propres à la procurer.* Le fens littéral & naturel de ces étranges paroles, c'eft que fi l'on ne renonce au projet de cette réforme , ordonnée par le Souverain Pontife à l'inftance de Sa Majefté Très-Fidèle , ces Religieux que l'on a cru réformables , ne cefferont de remplir de trouble ce Royaume & fes dépendances ; c'eft dire en un mot , que les décifions des Papes & les réfolutions des Souverains , quand elles ne favoriferont pas les relâchemens des Jéfuites, ne produiront jamais d'autres effets, que d'exciter ces Peres à caufer de nouveaux troubles.

21. Lorfqu'on lut à la Cour & dans la Ville de Lisbonne cette menace & les paroles qui l'annoncent, on fut frappé de leur arrogance, & on les jugea dignes d'être condamnées comme des expreffions d'une barbarie facrilége, capables d'offenfer tous les fidèles qui refpectent la Religion, & à qui la vraie politique a donné une idée claire de la vénération qu'on doit avoir pour les Ordonnances Apoftoliques, & de l'exemple que les Eccléfiaftiques font obligés de donner aux Laïques de la foumiffion & du refpect dûs à leurs Souverains; foumiffion fi indifpenfable & fi néceffaire, qu'on ne verroit fubfifter fans elle aucuns Royaumes ni Etats dans ce monde, & que la confervation même du Siége Apoftolique en dépend évidemment.

22. Le pernicieux venin renfermé dans le Mémorial ne tarda pas à fe manifefter. On vit éclater très-peu de tems après la date de cet écrit, ce funefte événement, qui maintenant eft

connu de tout l'Univers, & qui l'a si hautement convaincu des justes & indispensables motifs, qui avoient déterminé le feu Cardinal Patriarche, comme il s'en est expliqué avant sa mort, à interdire les Chaires & les Confessionnaux de son Diocèse aux Religieux de la Compagnie. Tout le monde vit dans cet attentat l'accomplissement de la menace, par laquelle le Général de la Compagnie avoit prédit que la commission du Visiteur seroit entierement inutile pour la réforme, & qu'elle ne feroit que causer des troubles dans ce Royaume.

23. Le Cardinal Patriarche mourut le 9 Juillet de l'année derniere, & la menace du Général des Jésuites fut mise sous les yeux de Sa Sainteté le 31 du même mois, avec le Mémorial. Ils crurent pouvoir le présenter ce jour-là sans risque, parce que dès-lors tout étoit diposé pour une prompte éxécution de la menace qu'il contenoit.

En effet, il n'y eut que le mois d'Août d'intervalle entre le jour de la présentation du Mémorial & la malheureuse nuit du 3 de Septembre 1758, funeste époque de ce parricide exécrable qui a faifi d'horreur tout l'Univers, & que la fidélité Portugaife déplorera jufqu'à la fin des fiécles.

24. Trois mois de recherches continuelles, faites avec toute la prudence, l'exactitude & le foin poffible, les réflexions les plus férieufes & les plus mures, l'examen le plus pénétrant & fait avec toute l'attention que l'exigeoit un tel crime, ont fourni des preuves indubitables que ce crime avoit eu pour principe un complot, dont les Supérieurs des Jefuites étoient les auteurs. Leurs Maifons Profeffes, leurs Colléges, leurs réfidences ont été les bourbiers vénimeux & empeftés où s'étoient empoifonnés les malheureux exécuteurs de ce facrilége parricide. C'eft-là qu'ils ont puifé les leçons & les avis qui les ont portés à le commettre. Les Supérieurs & la plûpart de ces Religieux ont été les chefs les plus abominables & les plus endurcis de l'infernale conjuration qui a enfanté ce déteftable forfait.

25. Dans l'inftruction de ce malheureux procès, on a acquis toutes les preuves des prédictions que les Jefuites avoient eu la méchanceté de répandre

ceptés & faifis, les aveux des coupables, les dépofitions de plufieurs témoins oculaires, enfin le corps même du délit, qui eft l'objet & le fondement de cet Arrêt définitif. Il a été prononcé par plufieurs Miniftres de la Juftice, choifis par Sa Majefté Très-Fidèle dans les principaux Tribunaux de la Ville de Lifbonne, & préfidés par trois Secrétaires d'Etat. Le Roi a voulu que les coupables fuffent entendus, & ils l'ont été dans plufieurs féances, après avoir eu auffi par les ordres de Sa Majefté, (contre ce qui fe pratique ordinairement en cas femblable,) communication & copie des charges portées contr'eux. Enfin, le Roi a eu la bonté de nommer un des principaux Confeillers du Tribunal de la Supplication (a) de cette Capitale pour leur fervir de Défenfeur, malgré la notoriété & la noirceur de leur déteftable crime.

27. La publication de cet Arrêt du

(a) C'eft la premiere & fouveraine Cour de Lisbonne, qui reçoit l'appel de tous les autres Tribunaux du Royaume, & dont les Jugemens font en dernier reffort. C'eft comme les Parlemens en France. Blureau, *vocab. Portug.*

12 Janvier dernier & l'exécution qui en fut faite le lendemain, ont fourni à Sa Majesté un nouveau motif indispensable de faire mettre dans des prisons particulieres les Jésuites qu'on a reconnus pour les principaux coupables de cette conjuration, & d'ôter à tous les autres toute communication avec ses Fideles sujets, en plaçant des Gardes autour des maisons de ces Religieux. Sa Majesté a cru devoir encore faire mettre en séquestre tous leurs biens, comme étant les biens des ennemis de sa Personne Royale & de son Etat, déclarés tels par l'Arrêt d'un aussi respectable Tribunal que la *Junte de l'Inconfidence.* Cette conduite de Sa Majesté a tranquillisé le zèle & appaisé les plaintes de ses fidèles Sujets, & a fait voir, d'une maniere aussi sensible que pouvoit le permettre un cas si affreux, les égards du Roi pour Sa Sainteté.

28. Il n'étoit pas possible d'en donner un témoignage plus évident & plus complet, que ces paroles dont Sa Majesté s'est publiquement servie dans sa Lettre Royale (*Carta Regia*) (a) en

______

(a) C'est cette Ordonnance par laquelle S. M. T. F. a ordonné la réclusion des Jésuites & le séquestre de leurs biens.

difant, qu'Elle ne donnoit ces ordres que par voie d'une œconomie indifpenfable, & parce que la néceffité abfolue de la défenfe qu'Elle doit naturellement à fa Perfonne Royale, à fon Gouvernement & au repos public de fes Etats & de fes Sujets, exigeoit ces précautions, en attendant fon recours au Siége Apoftolique.

Le difcernement exquis de Sa Sainteté verra fans doute & reconnoîtra dans ces expreffions, toute l'étendue des égards du Roi pour le Saint Siège. Elle ne manquera pas affurément d'en faire la comparaifon avec ce qui s'eft pratiqué dans tous les pays Catholiques de l'Europe, & même dans ce Royaume, quand il a été queftion de punir des crimes auffi horribles que celui dont il s'agit, & même dans des circonftances bien moins graves & moins affreufes. Sa Sainteté y verra que les Eccléfiaftiques coupables de confpiration contre le falut public des Etats & des peuples, ont toujours été jugés indignes de la protection de l'Eglife Catholique.

29. Par un autre trait bien exemplaire de fa Religion, Sa Majefté très-Fidèle n'a pas tardé à informer tous les

Évêques de ſes Etats , des erreurs que
les Jéſuites ſont convaincus d'y avoir
ſemées de tous côtés ; ſon intention
étant que les Prélats inſtruits de ces
erreurs, préſervaſſent les brebis confiées
à leurs ſoins d'une contagion auſſi ve-
nimeuſe que celle qui s'étoit déja ré-
pandue dans le Patriarchat de Liſbonne,
& qui avoit déterminé le feu Cardinal Patriarche à interdire à ces Religieux la prédication & la confeſſion.

30. Mais ce qui met le comble à
tout le reſte , c'eſt que Sa Majeſté par
des preuves préciſes , claires & con-
vaincantes , a acquis la connoiſſance
très-certaine, qu'après les horribles attentats que ces Religieux ont commis,
ou qu'ils ont fait commettre , ils n'en
ont pas été plus abattus ni plus modérés:
un Arrêt ſolemnel , revêtu de toute
l'autorité de la choſe jugée, rendu avec
une telle circonſpection , une ſi parfaite connoiſſance de cauſe , par les
Juges les plus habiles, les plus integres
& les plus reſpectables , étoit plus que
ſuffiſant pour donner à ce qu'il atteſte
la certitude la plus conſtante & la plus
notoire ; & cependant la notoriété de
cet Arrêt n'a pas été capable d'abattre

ces Religieux , quoiqu'il soit appuyé sur des faits manifestes, & notamment sur le perfide attentat commis le 3 Septembre de l'année 1758, contre la Personne Royale de Sa Majesté, sur la preuve des calomnies, par lesquelles les Jésuites s'efforcent depuis si long-tems de rendre odieux le nom auguste de ce Monarque ; sur les prédictions qu'ils ont fait eux-mêmes de ce funeste événement , sur les dépositions de témoins oculaires ; enfin sur le fait précis de la conspiration que ces Religieux ont tramé avec les autres criminels. Après de si grands, & de si horribles forfaits, ces Religieux, bien loin de s'humilier & de paroître couverts de confusion & de repentir, s'abandonnent à une conduite toute contraire. On les voit encore se livrer plus que jamais à tout leur orgueil, & mettre en usage ces manieres artificieuses & séduisantes, qu'ils sçavent si bien employer, quand de semblables événemens leur arrivent. Les histoires en sont remplies depuis le tems de leur relâchement. A deniers comptans , ils achetent des Partisans & des Protecteurs, ils vomissent partout de nouvelles infamies, de nou-

velles impoſtures contre Sa Majeſté très-
Fidele & ſon Gouvernement. Ils s'efforcent par ces voies déteſtables de
ſéduire les peuples qui ne ſont point
au fait, & que leur peu d'inſtruction
ou leur reſpect trop peu précautionné
pour l'habit religieux, rend ſuſceptibles
d'une crédulité capable d'ajouter foi à
ces infames diſcours, ſans prendre garde
qu'ils partent d'un cœur entierement
corrompu par la haine de la vérité.

31. A la vue de tant d'inſultes &
de forfaits, de ſéditions & rébellions
en Amérique, qui dès le moment où
le Roi très-Fidele a voulu prendre
une exacte connoiſſance de l'état de ſes
Domaines en ce pays-là, ont mis les
armes à la main de ces Religieux contre leur Souverain, & lui ont attiré
une guerre, qui lui coûte déja plus
de 26 millons de cruzades : d'autres ſéditions, rébellions & attentats dans
ce Royaume contre la Royale Perſonne & le Gouvernement de Sa Majeſté : d'impoſtures vomies dans toute
l'Europe contre le Roi & ſes Miniſtres;
d'excès pernicieux & inouis, de licen-
ces effrénées, d'outrages infames qui
rempliſſent aujourd'hui toute l'Europe

de scandales manifestes : à la vûe, dis-je, de si grands & de si horribles crimes, Sa Majesté très Fidele espere que Sa Sainteté reconnoîtra l'absolue nécessité qui oblige ce Monarque de considérer ce que dans une conjoncture si importante il doit à Dieu, pour s'acquitter des obligations qu'il lui a imposées en le plaçant sur le Trône; ce qu'il doit à son autorité royale, ce qu'il doit à tous les autres Monarques & Potentats de l'Europe, qui auroient un juste sujet de lui reprocher l'injure faite à l'autorité souveraine, si par le plus pernicieux de tous les exemples, des crimes si énormes demeuroient sans une punition très-sévere; ce qu'il doit à la tranquillité publique de ses Royaumes & États: ce qu'il doit pour la réparation du scandale universel donné à toutes les nations civilisées, qui aiment & respectent leurs Souverains comme les Oints du Seigneur: ce qu'il doit enfin à la fidélité exemplaire, & à la juste attente de tous les peuples que Dieu lui a confiés, qui tous universellement, depuis les plus grandes Villes jusqu'aux plus petites Bourgades, ne cessent de requerir & de de-

mander à grands cris qu'il soit fait justice des coupables qui ont si crimi-
nellement scandalisé & deshonoré la
fidélité Portugaise, en s'efforçant de
l'ensevelir sous la ruine entiere de la
Monarchie. Sa Majesté est donc forcée
d'appliquer sans plus de délai à des
maux si extrêmes & si invétérés, par
l'avis de plusieurs des Ministres de son
Conseil & des Officiers de sa Cour
Souveraine, aussi habiles que pieux,
que Sa Majesté a religieusement con-
sultés & entendus sur une affaire d'une
si grande conséquence, les derniers
remédes qui sont exposés à Sa Sainteté
dans la Lettre que le Roi a signée de
sa main. Sa Majesté espere, comme
un fils très - soumis & très - obéissant,
d'un pere si rempli de lumiere & de
charité que l'attention profonde & les
férieuses réflexions avec lesquelles Elle
s'est conduite dans une affaire si importante, lui mériteront pour tout le passé
la Bénédiction Apostolique, que Sa
Majesté desire avec ardeur, à l'imitation de ses augustes prédécesseurs, & lui
procureront pour l'avenir l'avantage de
voir Sa Sainteté concourir avec l'aut-
torité Royale pour mettre fin à des

maux ſi extrêmes & ſi préjudiciables
au bien public & au repos de ſes Sujets, & pour faire ceſſer les ſcandales cauſés dans toute la Chrétienté par les
derniers déſordres que les Jéſuites ont
commis dans le Portugal & dans toutes
ſes dépendances. Fait à N. D. d'Ayuda
le 20 Avril 1759.

FIN.